Dirección editorial: Raquel López Varela
Autoras: Mariana Magalhães y Cristina Quental
Ilustración: Sandra Serra
Coordinación editorial: Jesús Muñoz Calvo y Ana Mª García Alonso
Maquetación: Javier Robles, Patricia Martínez y Eduardo García
Título original: *Ciclo do leite*

Reservados todos los derechos de uso de este ejemplar. Su infracción puede ser constitutiva de delito contra la propiedad intelectual. Prohibida su reproducción total o parcial, distribución, comunicación pública, puesta a disposición, tratamiento informático, transformación en sus más amplios términos o transmisión sin permiso previo y por escrito. Para fotocopiar o escanear algún fragmento, debe solicitarse autorización a EVEREST (info@everest.es) como titular de la obra, o a la entidad de gestión de derechos CEDRO (Centro Español de Derechos Reprográficos, www.cedro.org).

© 2013, Ediçoes Gailivro
© 2013, Cristina Quental y Mariana Magalhães (texto), Sandra Serra (ilustraciones)

© EDITORIAL EVEREST, S. A
Carretera León-La Coruña, km 5 - LEÓN.
ISBN: 978-84-441-4941-7
Depósito legal: LE-898-2013
Printed in Spain - Impreso en España

EDITORIAL EVERGRÁFICAS, S. L.
Carretera León-La Coruña, km 5
LEÓN (España)
Atención al cliente: 902 123 400

Conoce nuestros productos en esta página, danos tu opinión y descárgate gratis nuestro catálogo.

www.everest.es

ciclo de la leche

Cristina Quental es una joven escritora portuguesa que nació el 19 de noviembre de 1983 en Ponta Delgada. Es maestra de educación infantil y ha alternado el trabajo en la escuela infantil con actividades relacionadas con la dinamización del tiempo libre.

Mariana Magalhães nació el 2 de noviembre de 1971 en Lisboa (Portugal). Además de escritora, también es maestra de educación infantil y ha alternado el trabajo en la escuela infantil con actividades vinculadas con la acción social. Ha participado en numerosos seminarios y cursos de capacitación sobre temas relacionados con niños en situaciones de riesgo. También ha organizado y coordinado un centro de acogida para menores sin familia o separados de esta.

Sandra Serra nació en Luanda (Angola) el año 1968. Es diseñadora gráfica e ilustradora desde el año 1994. Ha sido mencionada, en varias ocasiones, como una de las referencias de la ilustración infantil y juvenil en Portugal. Desde el año 2007, también se dedica a escribir obras infantiles y ya tiene varios libros editados. Tiene su propio sitio web: www.espiralinversa.pt

Cristina Quental
Mariana Magalhães

El ciclo de la leche

Ilustraciones **Sandra Serra**

¿dónde vamos hoy?

everest

La maestra Teresa preguntó a sus alumnos qué traían para el almuerzo.

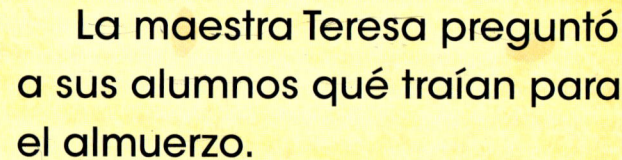

Yogur
Pan
Leche
Galletas

—Muy bien. Como ya sabéis, comer varias veces al día es fundamental para una alimentación saludable, pero también es preciso elegir bien lo que comemos.

—Mi madre me pone siempre bizcocho —dijo Juana.
—¿Creéis que hay que comer dulces todos los días? —preguntó la maestra Teresa.
—¡No! —gritaron los niños a coro.

—Ahora voy a haceros una pregunta difícil: ¿qué deben beber los niños a diario para tener los dientes fuertes?

—¡LECHE! —exclamaron eufóricos.

—¡Estáis hechos unos expertos! ¿Y quién sabe decirme de dónde viene la leche?

De la hierba

Del tetrabrick

Del supermercado

De la cabra

De la vaca

—Todos lleváis razón...

—¡Oh! No puede ser, la maestra nos toma el pelo —dijo Miguel.

—De eso, nada; os digo la verdad. Pero hoy no os puedo dar más explicaciones; esperaremos a la visita de mañana.

Desde las ventanillas del autobús ya se veían los pastizales verdes.
—¡VACAS! ¡Vacas! ¡Vacas! ¡Mirad, allí al fondo! —alborotó Víctor, batiendo palmas.

Al bajar del autobús, percibieron un intenso olor a campo, a tierra mojada, a hierba fresca y a menta.

—Niños, mirad, ahí donde pacen las vacas está don Joaquín —les informó la maestra Teresa.

—¡Buenos días! —saludó don Joaquín—. Venid, que os presentaré a mis vaquitas.

—¿Cuántas vacas tiene usted? —preguntó Francisco.
—Tengo setenta y cinco cabezas, pero solo vais a conocer las cinco que ya están listas para el ordeño.
—¡Qué sorpresa! ¡Desde el autobús parecían pequeñas, pero son enormes! —exclamó Inés.

—¡Qué gracioso! Son todas iguales, ¿cómo las distingue? —quiso saber María.

—¡Ja, ja, ja! Fijaos bien en sus manchas... ¿también son iguales? —preguntó don Joaquín.

—Aquella parece que tiene una estrella en la cabeza —observó Mario.

—¡Muy bien! ¡Esa se llama Estrellita! Luego están Blanca, Manchada, Naranja y Muñeca.

—¡Qué nombres tan divertidos! —opinó la maestra Teresa.

—Antes se ordeñaba a mano, pero ahora tenemos esta máquina que succiona la leche y la vierte directamente al cántaro. Así puedo ordeñar varias vacas al mismo tiempo.

—¿Y no les duele? —se interesó Leonor.

—¡Qué va, mira qué aire más satisfecho tienen! Además, mientras tanto, comen el pienso que tanto les gusta.

—¿Cuántas veces las ordeña al día? —inquirió la maestra Teresa.

—Dos veces, una muy de mañana y otra al caer la tarde.

—¿Y usted hace lo mismo todos los días? —preguntó Jorge.

—¡Qué remedio! Para mí no hay festivos ni fines de semana. Trabajo todos los días del año.

—¡Oh! —se asombraron a coro.

—Una vez que tenemos los cántaros llenos, los llevamos al puesto de control, donde os esperan para continuar la visita.

En el puesto de control, los niños vieron que un señor tomaba una pequeña muestra para analizarla. Así sabían con certeza que la leche estaba en buenas condiciones y se podía consumir.

A continuación, una manguera gigante la succionó hacia un depósito, desde donde pasó a un camión cisterna que la trasladó a la fábrica.

En la fábrica de productos lácteos fueron recibidos por Susana, quien les dijo:

—Para visitar nuestras instalaciones tenéis que poneros esta bata, este gorro y estas fundas de zapatos.

—¿Por qué? —preguntó Linda.

—Pues para no llenar la fábrica de microbios y bacterias —explicó Susana.

—Así parecemos un equipo de médicos —comentó la maestra Teresa—. Vamos a hacernos una foto.

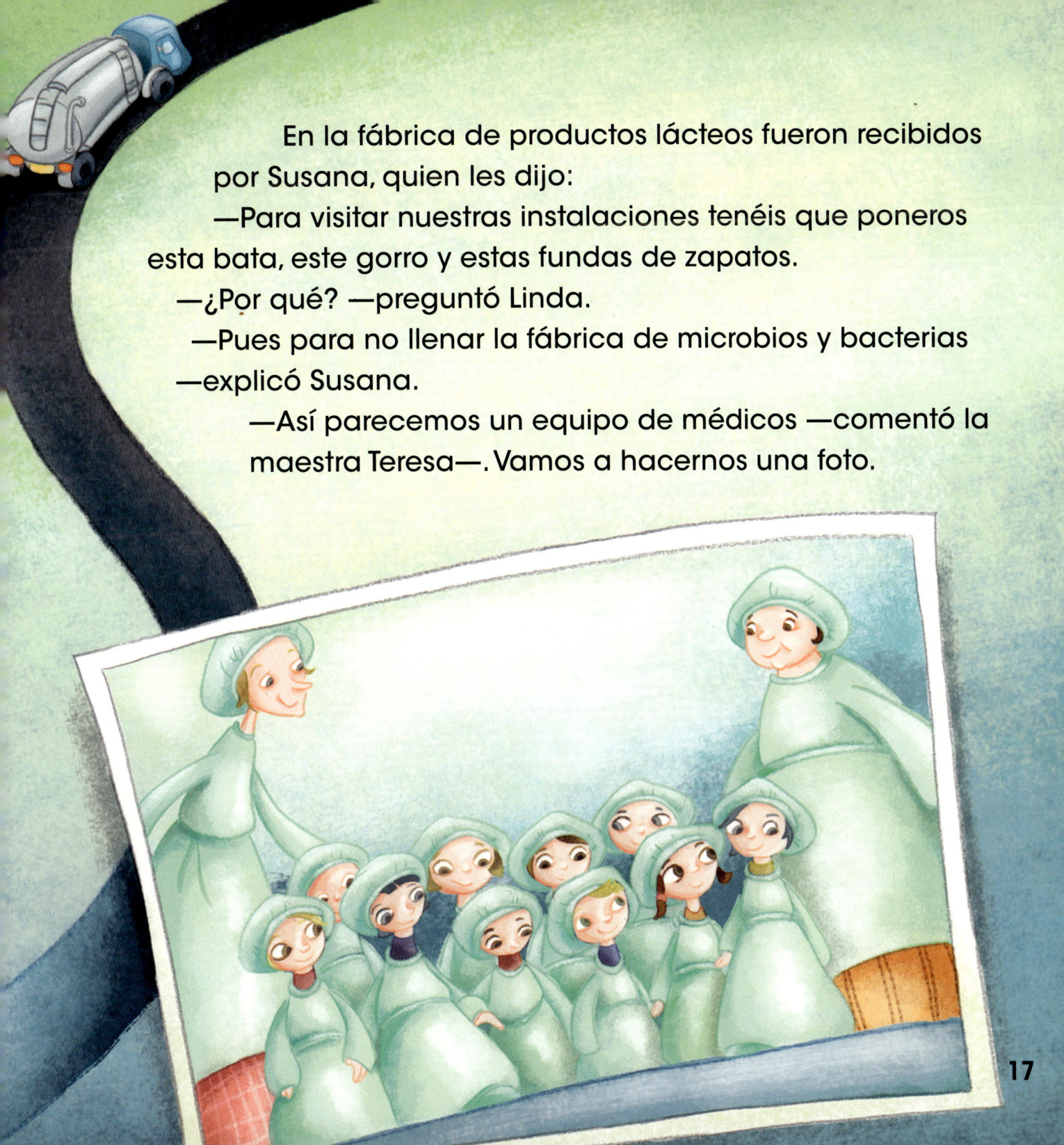

En los pasillos de la fábrica, Susana dio más explicaciones:

—La leche tiene que pasar por unas máquinas especiales antes de ser consumida.

—¿Para qué? —quiso saber Rodrigo.

—Para eliminar las bacterias; este proceso se llama *pasteurización*. Y también para obtener leche entera, desnatada y semidesnatada.

»Ahora venid por aquí para ver una zona curiosa de la fábrica.

—¡Estupendo! ¡Nunca había visto tantos cartones de leche juntos y en cintas transportadoras! —exclamó Consuelo.

—En esta zona de la fábrica hay tres secciones. En la primera, se hace el queso; en la segunda, la mantequilla; y en la tercera, los yogures. Venid a ver las máquinas que fabrican estos tres derivados de la leche.

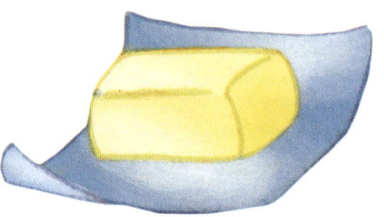

Al acabar la visita, Susana regaló un cartoncito de leche a cada alumno.

—Ya veis por qué todos llevabais razón: para que la leche llegue hasta nosotros, debe pasar antes por muchos sitios —dijo la maestra Teresa.

La maestra Teresa dio las gracias y todos regresaron en el autobús, cansados por la visita, pero contentos de haber aprendido tanto.

Rima

Las vacas

Joaquín nunca se equivoca
cuando llama a sus vaquitas,
ya sea para ordeñarlas
o darles su hierbecita.

Blanca, Manca,
Manchada, Rayada,
Hermosa, Mimosa,
Rosada, Cansada,
Naranja, Esperanza,
Muñeca, Bonita,
Paloma, Ramona,
Estrellita, Rita.

Tanto por la mañana
como al atardecer,
las ordeña a todas,
como debe ser.

Canción

Después del ordeño
(Música de *Tengo una vaca lechera*)

Una detrás de la otra,
las vacas van a ordeñar.
Ya es hora de que Joaquín
la leche venga a buscar,
tolón, tolón, tolón, tolón.

Ahora que tiene la leche,
al control la va a llevar,
para quedarse tranquilo
y podérsela tomar,
tolón, tolón, tolón, tolón.

Las vacas nos dan la leche
y la leche, otros productos;
son muchos los derivados
que tomamos tan a gusto,
tolón, tolón, tolón, tolón.

La mantequilla y el queso
tienen un poco de grasa,
pero los yogures y la leche
los podéis tomar sin tasa,
tolón, tolón, tolón, tolón.

Si bebes leche a menudo,
tendrás los dientes muy duros,
te pondrás más alto y más fuerte,
mira tú qué buena suerte,
tolón, tolón, tolón, tolón.

Teatro

Día Internacional de la Leche: 1 de junio

Escena I

Personajes:

Niños, maestra y ganadero.

(Llegada de los niños en autobús).

Niño 1:

—Vacas, vacas, vacas.

Niño 2:

—Yo no veo nada…

Niño 3:

—¡Allí al fondo!

Maestra:

—Niños, poneos en fila para bajar del autobús, con calma.

(Los niños y la maestra se apean).

Maestra:

—¡Disfrutad de este maravilloso olor a campo!

(Los niños aspiran profundamente).

Niños:

—¡Ah! Qué olorcito…

(Llega el ganadero).

Ganadero:

—Aquí están los niños. Venid a conocer a mis vaquitas.

Niño 4:

—Estoy deseando ver una vaca de cerca… ¿podremos tocarlas?

Ganadero:

—Podréis, pero no os acerquéis todos al mismo tiempo; si lo hacéis, se asustarían. Voy a llamarlas para que vengan al ordeño.

(El ganadero silba y las llama por su nombre).:

—Rosada, Manchada, Bonita.

(Todos esperan en silencio a que las vacas se acerquen).

Niño 5:

—¿Por qué no vienen?

Ganadero *(meneando la cabeza con aire pensativo).:*

—Es la primera vez que me pasa esto. ¿Qué tendrán? Voy a ver. Vosotros quedaos aquí, que enseguida vuelvo.

Escena II

Personajes:

Vacas y ganadero.

(Las vacas hablan entre ellas).

Vaca 1:

—¡El amo lleva un montón de tiempo llamándonos!

Vaca 2:

—¿Cómo solucionamos esto?

Vaca 3:

—Yo no pienso ir sin saber qué es aquello del fondo…

Vaca 4:

—Deberíamos llamar a la vieja Rayada, esa lo sabe todo.

El coro muge:

—MUMUMUUU…

Rayada *(acercándose a paso de tortuga).:*

—¿Qué pasa? ¿Por qué estáis todas tan nerviosas?

Vaca 5:

—¿No ves allí al fondo una cosa grande y amarilla?

Rayada:

—¿Es que no sabéis que eso es un medio de transporte de los humanos?

Vaca 4:

—Y tú diciendo que Rayada lo sabe todo…

Vaca 6:

—Y aquellos humanos en miniatura, ¿no serán peligrosos?

Rayada:

—Claro que no, pueden ser revoltosos, cargantes y ruidosos, pero he conocido a muchos y ninguno nos ha hecho el menor daño.

Vaca 7:

—¿Y para qué vienen?

(Llega el ganadero y escucha la conversación).

Ganadero:

—¡Ah! Por eso no acudíais a mi llamada, teníais miedo de los niños. Incluso habéis llamado a Rayada, tontas…

(Las vacas, avergonzadas, mugen al unísono).:

—MUUUUMUMUUU.

Ganadero:

—Venid conmigo, que ya se ha hecho tarde para el ordeño.

(Van todas juntas detrás de Rayada hasta la sala de ordeñar, donde esperan los niños).

Escena III

Personajes: *todos.*

(Todos cantan la canción Después del ordeño).

Sugerencias

Sugerencias para el escenario

1. Pintar un paisaje campestre, con vacas al fondo, en papel de embalar.
2. Pintar un paisaje campestre y, al fondo, un autobús y muchos niños.
3. Construir una vaca de cartón grueso, en tres dimensiones, con guantes de goma para simular las ubres.
4. Pintar un autobús en un cartón grande y rectangular. Recortar las ventanillas para que dé la impresión que los niños están dentro.

Sugerencias para el vestuario

1. Vacas: usar ropa blanca con manchas de papel adhesivo negro para el cuerpo; rabo de lana negra; recortar las ubres en cartón o simularlas con unos guantes de goma.
2. Ganadero: vestir botas de agua, pantalones o mono vaqueros, camisa de franela de cuadros y sombrero de paja.
3. Niños: acordar una vestimenta igual para todos; por ejemplo, blusón, camisa, gorra, etc.
4. Maestra: utilizar blusón y adornos de adulto, como pulseras, gafas, bolso, etc.

Otras sugerencias

1. Visitar una fábrica de productos lácteos.
2. Simular un ordeño haciendo servir como ubres unos guantes de goma llenos de leche con agujeritos en las puntas de los dedos.
3. Preparar una receta que contenga leche o alguno de sus derivados (leche merengada, bizcocho de yogur, tarta de queso, etc.).

Vocabulario

Almuerzo
En este caso, comida que se hace a media mañana.

Bizcocho
En este caso, masa de harina, huevos y azúcar.

Bacteria
Tipo de microbio que puede vivir en los cuerpos de los seres vivos, etc., y que puede causar enfermedades.

Camión cisterna
Vehículo grande de cuatro ruedas que transporta la leche recogida dentro de una cisterna o depósito hasta la fábrica.

Cartón de leche/*Tetrabrick*
Envase de cartón, recubierto de plástico y aluminio, en el que se guarda la leche para que llegue a las tiendas.

Consumir

Gastar alimentos u otros productos.

Desnatado, desnatada

Producto lácteo al que se le ha eliminado toda la nata.

Entera

Leche con toda su nata.

Leche

Líquido blanco que dan las vacas y otros animales.

Mantequilla

Alimento que se obtiene de la nata de la leche y que se usa para cocinar y también para untar.

Microbio

Ser diminuto que vive en el aire, el agua y dentro de los seres vivos a los que, a veces, les produce enfermedades.

Nata
Sustancia grasa y espesa que forma una capa sobre la leche cuando se deja en reposo.

Ordeñar
Extraer la leche exprimiendo las ubres de las hembras de ciertos animales.

Pasteurización
Eliminar los microorganismos que pueden causar o propagar enfermedades de la leche y otros líquidos según el procedimiento creado por Pasteur.

Queso
Alimento hecho con leche de vaca, oveja o cabra.

Semidesnatado, semidesnatada
Producto lácteo al que se le ha eliminado parte de la nata.

Succionar

Extraer un líquido con una máquina o manualmente.

Ubre

En los animales mamíferos, cada una de las mamas de la hembra.

Vaca

Animal doméstico que tiene cuernos y se alimenta de hierba. De ella obtenemos leche, carne y otros productos.

Yogur

Alimento que se hace con la leche y que puede tener distintos sabores, texturas, acompañamientos, etc.

Refrán

«La leche cocida, tres veces subida».

Cocer la leche ordeñada hasta que hirviese y «subiera» (produciendo burbujas por la acción del calor) tres veces era el método tradicional de nuestras abuelas para eliminar las bacterias.

Títulos de la colección:

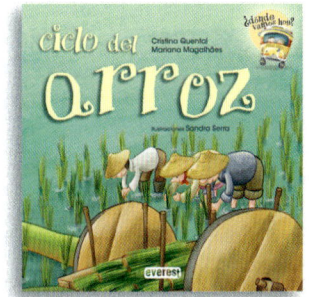
ISBN: 978-84-441-4936-3

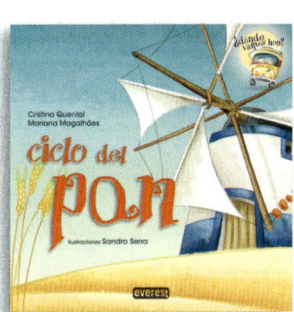
ISBN: 978-84-441-4937-0

ISBN: 978-84-441-4938-7

ISBN: 978-84-441-4939-4

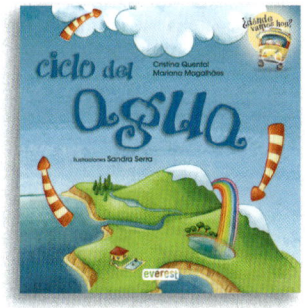
ISBN: 978-84-441-4940-0

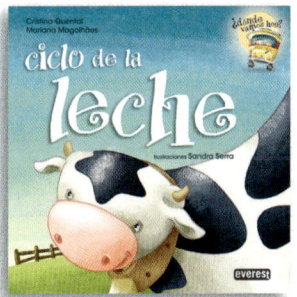
ISBN: 978-84-441-4941-7

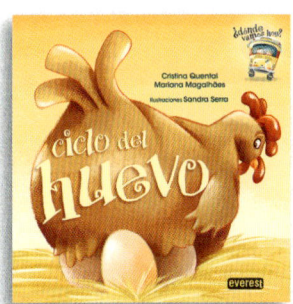
ISBN: 978-84-441-4942-4

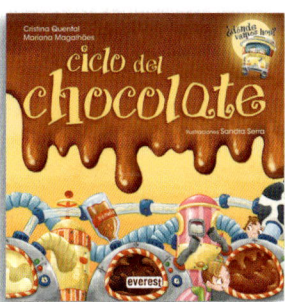
ISBN: 978-84-441-4943-1